AF189087

Yasmin Mai-Schoger

Palukes für die Seele

Heimatgedichte aus Siebenbürgen

Palukes für die Seele

Yasmin Mai-Schoger

Bibliografische Information der Deutschen Nationalbibliothek:
Die Deutsche Nationalbibliothek verzeichnet diese Publikation
in der Deutschen Nationalbibliografie; detaillierte
bibliografische Daten sind im Internet über http://dnb.dnb.de
abrufbar.

© 2019 Yasmin Mai-Schoger

weitere Mitwirkende: Hans Schoger, Reutlingen

Herstellung und Verlag:

BoD – Books on Demand, Norderstedt

ISBN: 978-3-749-45386-3

Printed in Germany

Alle Rechte vorbehalten. Dieses Buch und alle in ihm
enthaltenen Beiträge und Abbildungen sind urheberrechtlich-
geschützt. Eine Verwertung ohne Einwilligung der Autorin ist
unzulässig.

„Heimat ist da, wo selbst der Regen uns verzaubert"

Yasmin Mai-Schoger

INHALTSVERZEICHNIS

HEIMAT

Heimat! Heimat ist mehr als ein Wort,
dort bin ich geboren an diesem Ort!
Heimat heißt auch Erinnerung,
und zwar voller Bewunderung!

Mit ihr bin ich stets und immer verbunden,
dort hab' ich mein größtes Glück gefunden!
Ein schönes Gefühl wir mit ihr verbinden,
Freude und Glück wir bei ihr empfinden.
Sentimental lässt sie uns werden,
verbunden mit ihr, bis wir dann sterben!

Meist denkt man sie bunter,
als sie doch war,
sie ist uns im Inneren immer ganz nah!
Die Heimat, sie gibt uns Geborgenheit,
ein schönes Gefühl der Sicherheit.

Heimat ist tief, ganz tief in uns drin,
hier war uns're Wiege,
hier war der Beginn.
Wir lächeln,
wenn wir gerad' an sie denken,
wir würden sie niemals
verraten, verschenken!

Gespickt mit Geschmack
und herrlichem Duft –
ein Stückchen Heimat liegt in der Luft.

Eingeschlossen in unserem Herz,
mal denkt man mit Freude,
mal mit Schmerz!
Es zieht einen immer wieder dort hin,
sie geht dir niemals ganz aus dem Sinn.

Ein Seufzen, ein Lächeln
und auch eine Träne,
entweicht mir mitunter,
wenn ich sie erwähne!

Heimat,
Heimat ist mehr als ein Ort,
egal wie weit man von ihr fort!
Heimat verbindet und schweißt zusammen,
gern wir aus unserer Heimat stammen.

Wir singen gemeinsam die gleichen Lieder,
erkennen die Heimat so gern darin wieder.
Heimat, Heimat ist mehr als ein Wort,
für uns ist es einfach der schönste Ort!

SIEBENBÜRGEN

Wenn ich an Siebenbürgen denke,
meine Lider traurig senke –
erinn're mich so gern daran,
denn hier fing einmal alles an.
Ein Flecken Erde, der besonderen Art -
wo Tradition und Brauchtum man bewahrt
wo Freundschaft
wird noch groß geschrieben,
das ist das Land, was wir so lieben!

Gemeinschaft hat uns sehr geprägt,
von morgens früh, bis abends spät.
Stets tief in uns die Heimat ruht,
sie gibt uns Hoffnung, macht uns Mut.
Egal wohin der Wind uns weht,
egal wie schnell die Welt sich dreht,
egal wie auch die Zeit vergeht,
wir wissen wo die Wiege steht.

Sind stets verbunden mit dem Land,
in uns ruht ein festes Band,
das Band der Heimat niemals reißt,
egal wohin man geht und reist.
Manchmal schließe ich die Lider,
dann erinn're ich mich wieder –
seh' mein altes Heimatland,
so, wie ich es hab gekannt!

Wo wahre Freundschaft niemals wankt,
mein Herz es ewig hin verlangt.
Wo Rote Rosen blüh'n im Garten,
wo wir in das Leben traten.
Wo ich schwor getreu zu sein,
ja, da bin ich noch daheim.

Egal wie alt und grau ich bin,
in die Heimat zieht's mich hin.
Siebenbürgen, in der Ferne-
doch im Herzen mir ganz nah,
ich erinn're mich so gerne
weiß noch, wie es damals war.

Werde weiter an dich denken,
bis zum letzten Herzensschlag
wirst mir immer Freude schenken,
weil im Herzen ich dich trag.

IN SIEBENBÜRGEN BIN ICH GEBOREN

In Siebenbürgen bin ich geboren,
der Heimat hab ich die Treue geschworen!
Ich denke gern an sie zurück,
ich kann sie spüren, Stück für Stück!

Ich schmecke die Heimat mit jedem Bissen,
ich werde sie auf ewig vermissen!
Ich rieche sie, wenn der Ofen offen,
kann nur auf frische Hunklich hoffen,
bei jedem Lied in meinem Ohr,
stell ich mir meine Jugend vor!

Ich tanze dann die alten Schritte
und dreh' mein Mädel in der Mitte!
Im Geiste ich die Kirche seh',
kann ahnen wie ich vor ihr steh!
Erkenne jeden kleinen Stein,
am liebsten ging ich jetzt hinein!

Dann höre ich den Glockenklang,
sie ganz besonders kräftig schwang!
Ein Lächeln huscht mir durch's Gesicht,
so schön klingt diese hier ja nicht!
Und wenn ich meine Lawend ess',
mein Heimatland niemals vergess'!

Ein Stück der „Wurscht" sich auch noch lohnt,
so wie der Gaumen war's gewohnt!
Ich kann sie fühlen, riechen, schmecken-,
sehe sie an allen Ecken!
Jeder Stern erinnert mich,
jeder Punkt und jeder Strich!

Dann singe ich die alten Lieder
und schlage meine Lider nieder!
Das Herz wird schwer, Gedanken kreisen-
Ach, könnt' ich in die Heimat reisen!
Durch die alten Straße schlendern,
schlendern in den Stick-Gewändern!
In Stiefeln, schwarz – aus gutem Leder,
schwarz und hoch trug sie ein Jeder!

Einmal meinen Garten seh'n,
einmal noch mein Mädel dreh'n!
Einmal noch vom Brunnen trinken,
dem Büffel in der Ferne winken.

„Ein schönes Land", so seufze ich,
es verpasst mir einen Stich!
Ich sage leise dann Ade
und hoff', dass ich sie wieder seh'!

Bis dahin ich im Geiste reise,
und sing „das Lied", auch wenn nur leise!
Heimat, welch ein schönes Wort,
ich nehm' sie mit an jeden Ort!

In meinem Herzen trag ich sie,
vergessen werde ich sie nie!
Ich kann sie fühlen, riechen, schmecken,
ich sehe sie an allen Ecken!

ES SAH' EIN SACHS' EIN BLÜMLEIN STEH'N

Es sah' ein Sachs' ein Blümlein steh'n,
ein Blümlein jung und zart,
da konnte er nicht weiter geh'n
an diesem schönen Tag.

Er schaut' es an und freute sich,
weil's Blümelein da stand,
er dachte sich „dich nehme ich"
und nahm es in die Hand.

In seinem feinen Trachtenhemd
ging er den Weg entlang
und weil er ja so fröhlich war,
ein Lied der Freude sang!

Die Blume brachte er nach Haus',
ganz lange blühte sie,
geschaut nach ihr, tagein, tagaus,
bedauert hat er's nie.

Er hat sie geliebt, gegossen, gehegt,
geschnitten, bewundert,
gedüngt und gepflegt.
Sie blühte und machte ihm Freude damit,
verlor sie ein Blatt, war er traurig und litt.

Jahrelang ging das nun so,
jahrelang war er so froh!
Erst als er dann alt war und von uns ging,
sie plötzlich an zu welken fing.

Und später stand an seinem Stein,
ein kleines Blümchen, klitzeklein.

ES WAR EINMAL EIN MÄDCHEN

Es war einmal ein Mädchen,
das sah den Sachsen steh'n
und als er plötzlich hoch sah,
da war's um sie gescheh'n.
Die Augen schienen grünlich,
so freundlich und so hell,
da ging das Mädchen zu ihm hin
und küsste ihn ganz schnell.

Da war der Knab' gefangen,
von dieser schönen Maid,
da dachte er am nächsten Tag
an's weiße Hochzeitskleid.
Auf einem See im tiefen Wald,
bat er um ihre Hand,
nachdem er hörte laut ein „Ja",
er gleich mit ihr verschwand.

Den Segen holt er sich ganz schnell,
bei ihrer Frau Mama,
dann polterte das Porzellan
und glücklich man sie sah!
Das ist nun schon ganz lange her,
schon über 20 Jahr',
die Liebe wurde immer mehr,
ein ganz verliebtes Paar!

SIEBENBÜRGEN, SÜßE HEIMAT

Siebenbürgen, süße Heimat,
traurig schaust auf mich herab,
hab verlassen Dich in Stille,
warst das Beste, ich gehabt.
Siebenbürgen, ferne Heimat,
seh'n mich immer noch nach Dir,
bringst noch immer süße Träume
und Erinnerungen mir.

Träume immer noch auf sächsisch,
meine Herkunft nie vergess'-
wird' im Traume niemals hektisch,
vieles heut' noch daran mess'!
Ging am Weißbach ich am Tage,
hab gesummt ein wahres Lied,
wandre hoch in den Karpaten,
stets um Freundschaft dabei „gieht".

Holunderstrauch, in Pfarrers Garten,
saß mit „Hunklich" in der Hand,
konnt' es selber kaum erwarten,
Stickerei auf dem Gewand.
Astern blau, sie steh'n im Garten,
wenn der Abend „kit erun",
Stille steht jetzt hier der Spaten,
niemals mehr „äch wedder kun".

SO WAR'S

Im sechsten Monat jedes Jahr,
das Kronenfest auch wieder war,
stieg dann den Baum ganz schnell hinauf,
so hoch der Baum, ich nahm's in kauf.

Bespritzt wird dann zur Osterzeit,
die schönste Rose weit und breit,
ein „Pali- und ein Veilchenduft",
lag meistens süßlich in der Luft.

Kathreinenball im Herbste dann,
hier man wieder tanzen kann.
Einmal im Jahr trifft sich die „Klicke",
im Heimatdorf, in dessen Mitte.
Am großen Ring in Hermannstadt,
isst man sich dann mit Mici satt.

„Kotschendanz" am großen Tag,
für's Kinde dann, weil man es mag.
Gab's Hunklich gern für hundert Leut',
nicht vorstellbar ist das wohl heut'.
Auch „Gäech" in jeder Kammer stand,
ich meistens ein Stück Speck auch fand.

Salzsee, Schlamm, bei Hermannstadt,
in Salzburg liegt das nasse Bad!
Sieben Burgen in der Heimat,
Siebenbürgen mir ganz nah,
Kronstadt, Schäßburg und auch Mühlbach,
gern im Sommer ich hinfahr'.

Bistriz, Broos und Klausenburg
fehlen noch in meinem Herz,
Erinn'rung an mein Heimatdorf,
immer wieder dieser Schmerz!

Ich sehne mich nach Schweineschmalz,
mit Zwiebeln und mit Grieben,
ach wär ich doch in meinem Land
mein Leben lang geblieben.

ES SCHLÄGT MEIN HERZ

Es schlägt mein Herz,
mein Herz es schlägt,
für dich, mein Herz, allein
ach könnte ich, ach könnte ich,
noch einmal bei dir sein.

Fort zieht es mich,
es zieht mich fort,
ich wär so gern bei dir,
es zieht mich an den Heimat-Ort,
ich wollt', ich wär nicht hier!

Das Herz, es schmerzt,
es schmerzt das Herz,
die Heimat ist so fern
ach wäre ich, ach wäre ich,
ich wär bei dir so gern!

Ich denke stets,
stets denke ich,
ich denke nur an dich,
dort wo die sieben Burgen steh'n,
dorthin, da wünsch' ich mich!

Es schlägt mein Herz,
so lang es schlägt-
so lang schlägt es für dich,
und wenn es einmal nicht mehr schlägt,
erst dann beruhigt es sich!

DREIßIG JAHRE SIND VERGANGEN

Dreißig Jahre sind vergangen,
doch die Lieder die wir sangen,
singen wir noch immer gern,
wenn auch von der Heimat fern.
Vierzig Jahre sind gewesen,
kann's an einer Hand ablesen,
wann ich nicht an dich gedacht,
damit sehr viel Zeit verbracht!

Fünfzig Jahre sind verschwunden,
doch ich fühl mich noch verbunden,
denke jeden Tag an dich,
ach, wie schnell die Zeit verstrich!
Sechzig Jahre sind verflossen
und ich habe sie genossen,
doch die Sehnsucht endet nicht,
nimmt mich täglich in die Pflicht.

Langsam meine Kräfte schwinden,
müsste mich damit abfinden,
doch es gibt da das Verlangen,
nach den Liedern, die wir sangen.
Und jetzt schließ ich meine Lider,
seh' die Heimat niemals wieder,
nehm' die Sehnsucht mit ins Grab,
ich sie nicht vergessen hab'!

Ein Märzchen
schicke ich dir heut',
ich hoffe, dass es dich erfreut.
Glück und Segen soll es dir bringen,
alles soll dir ab heute gelingen!
Ich schicke es dir an diesem Tag,
einfach so, weil ich dich mag!
Ein Frühlingsbote,
der erste im Jahr,
so wunderschön, so wunderbar!
Mit einem lieben Gruß von mir,
schick' ich das Märzchen nun zu dir!

Yasmin Mai-Schoger März 2019

EIN MÄRZCHEN

Ein Märzchen, ein Märzchen,
sieh es nur an –
es heute an einem Blümchen hang.
Ein Bote des Frühlings
zum ersten März,
mit Blümchen, mit Eisen oder ein Herz!

Wer ein Märzchen heut' dir schenkt,
sicher mit Freude an Dich denkt!
Welch' ein wunderschöner Brauch,
da freut sich ein Jeder,
Du bestimmt auch!

Dieses kleine schöne Stück,
bringt Dir Freude und auch Glück!

Ein Märzchen, ein Märzchen,
gibt es nur heut',
darum man sich besonders freut!
Und das schönste schenk ich Dir,
wünschte mir, du wärest hier!

WEIßT DU NOCH, WIE'S DAMALS WAR?

Weißt du noch, wie's damals war?
Was an Weihnachten geschah?
Als erstes kam die Fastenzeit,
inneren Frieden sie verleiht –
man richtet die Kleider
und das schönste Gewand,
fürs Fest der Feste im Heimatland.

Geschlachtet dann das Schwein vom Mann,
die Wurst, die machten Frauen dann.
Krautgeruch zieht durch das Haus,
Sarmale wurde dann daraus.
Es wurd' geputzt, gekocht, gebacken,
ein paar Nüsse hört' man knacken.

Gemeinsam beim Pfarrer man gebacken hat,
auf dem Dorf, nicht in der Stadt.
Zuhause kehrte jetzt Ruhe ein,
man blieb jetzt im Haus, war abends daheim.
Geschenke wurden gebastelt, gestrickt,
gezeichnet, gemalt oder bestickt.

Endlich war es dann soweit,
alles stand fürs Fest bereit:

Hunklich und Striezel, frisch auf dem Tisch,
es freut sich der Pitz, der Ditz und der
Misch!
Lebkuchen, Ischler, mit Liebe verziert,
dekorativ auf dem Teller platziert.

Das Fest der Feste konnte beginnen,
man musste sich nur auf die Traditionen
besinnen.

Schon morgens ein Lied aus der Kirche
gedrungen
„puer natus" von der Jugend gesungen.
Langsam nahte die dunkle Zeit,
man machte sich für die Kirche bereit.

Die Glocken fingen zu läuten an,
auf dem Bänkle saß man dann,
der Weihnachtsbaum, so schön geschmückt,
der Anblick nicht nur die Kinder verzückt.
Für jedes Kind ein kleines Paket,
es aus Heften, Stiften und Äpfeln besteht.

Auch die Älteren haben's bekommen,
gern und dankbar sie es genommen.
Es war nur wenig und doch war'n wir froh,
bestaunten das Kind in der Krippe, auf Stroh.
Ein letztes Lied, ein letztes Gebet,
jeder besinnlich nach Hause geht.

Die Jungen, sie zogen von Haus zu Haus,
in ihren Gewändern, putzten sich raus-
sie sangen bei jedem ein Weihnachtslied,
später der Pali zu Kopfe stieg!

Vom Turme da sangen die Adjuvanten,
es waren die Jungen, die alle wohl kannten.
Schön war es doch zu Kindertagen,
brauch' wohl nichts dazu zu sagen!

EINE HAND VOLL MEHL

´ne Hand voll Mehl, ein bisschen Butter,
so machte es schon meine Mutter!
Der Ursprung in Siebenbürgen lag,
zuerst im Burzenland ihn gab!

Hefe, Milch, ´ne Prise Salz,
ein Tropfen Zitrone muss ebenfalls,
Die Kohlen schon mal angeschmissen,
der Teig geht hoch, bis er gerissen.

Aus Holz die Spieße, gewickelt den Teig,
ich gerne es den Kindern zeig!
Konisch die Hölzer, aus Ahorn oft sind,
gebacken meist im Sommerwind!

Ich pinsle ihn mit Butter ein,
dann Zucker drauf, JA, das muss sein!
Goldgelb er wird, wenn man ihn dreht-
und leider schwarz, wenn er lang steht!

Süßer Duft durchzieht den Garten,
noch ein bisschen muss ich warten-
drehen, riechen, warten, rotieren,
am liebsten würd' ich jetzt probieren!

Der Duft meiner Jugend, ich atme tief ein-
ich wünscht' ich wäre jetzt daheim!
Daheim! Zu Haus, wo er erfunden –
Auf ewig ich dem Land verbunden!

Und wenn er braun gebacken ist,
dann gibt es eine kleine List,
man haut den Spieß auf einen Stein,
dann löst er sich, von fast allein!

Es steigt der Dampf von innen raus,
ich schnell damit zum Teller saus´!
Das erste Stück am besten schmeckt,
den Zucker man vom Finger leckt!

So köstlich! So knusprig und so weich,
himmlisch, süß, alles zugleich!
Ich hatte 3 - alle gegessen,
nichts kann sich damit wirklich messen!!!
Jeder freut sich, wenn es ihn gibt, weil ihn
einfach JEDER liebt!

UNTER EINEM APFELBAUM

Unter einem Apfelbaum
erfüllt er sich, der schönste Traum.
Ein junges Paar steht Hand in Hand,
so glücklich, weil man sich doch fand.
Sie schau'n sich grade fröhlich an,
der Zufall zog sie in den Bann!
In Tracht sie beide dort jetzt steh'n,
so herzzerreißend, wunderschön!

Das Mädchen jung, aus den Karpaten
schien ihn dort schon zu erwarten.
Der junge Knabe, ein Donauschwabe,
purpurrot am helllichten Tage,
verlegen ist der junge Mann,
er jetzt fast gar nicht sprechen kann!
Obwohl sie aus dem gleichen Land,
sie hatten sich dort nicht gekannt,
doch hier, da war Gelegenheit,
von nun an für die Ewigkeit.

Sie sah'n die gleichen Sterne an,
man es gar nicht glauben kann–
im gleichen Land und doch so fern,
sie hatten die gleichen Dinge gern.
Fast hörten sie dieselben Worte,
auch war der Wein der gleichen Sorte!

Vergleichbar, die erzählten Geschichten,
mussten „dieselbe Arbeit" verrichten.
So ähnlich und doch so verschieden,
darum sie einander so lieben!

Die Heimat sie zurückgelassen,
sie können es manchmal gar nicht fassen –
ihr Glück, das haben sie gefunden,
sie fühlen sich so sehr verbunden.
Oft denken sie noch an das Land
in dem ja ihre Wiege stand.
Das junge Paar steht Hand in Hand,
auch wenn nicht aus dem gleichen Land.

Die Liebe alles möglich macht
und über ihrer Liebe wacht.
Egal aus welchem Land sie stammen,
sie lieben sich und sind zusammen!
Gemeinsam sie nach vorne sehen,
die Vergangenheit verstehen,
sie die Gegenwart genießen,
bis sie ihre Augen schließen!

AUF DEM TURME

Auf dem Turme stand er und sang,
so wunderschön sein Liedchen klang.
Direkt es in mein Herzchen drang,
es hüpfte vor Freude, ja es auch sprang.
Dann kam er hinunter, zu später Stund'
und küsste mich frech auf meinen Mund.

So stand er dann vor mir in seinem Gewand
und bat mich sogleich um meine Hand.
Ich sah ihn an, eine Träne dann rann,
drei Tage später war er mein Mann.
Mein Adjuvant, so sollte es sein,
fing' mich mit einem Liedchen ein.
Ein Liedchen ganz allein für mich,
so er in mein Herz sich schlich.

SIEBENBÜRGEN, HEIMATLAND
(LIED)

Siebenbürgen, Heimatland –
dort wo meine Wiege stand,
will ich geh'n und will ich steh'n,
einmal will ich dich noch seh'n!

Glücklich denke ich an dich,
schad', wie schnell die Zeit verstrich,
habe stets an dich gedacht,
hab' geweint, getanzt, gelacht!

Siebenbürgen, Heimatland,
dort wo meine Wiege stand,
will ich geh'n und will ich steh'n,
einmal will ich dich noch seh'n!

Ich weiß mein Haus, das steht noch da,
fast noch wie es früher war,
geh' hinein in meinem Traum,
verändert hat es sich hier kaum.

Siebenbürgen, Heimatland,
dort wo meine Wiege stand,
will ich geh'n und will ich steh'n,
einmal will ich dich noch seh'n.

Auf dem Globus mit der Hand,
fahr ich übers ganze Land,
kenne jeden kleinen Ort,
in Gedanken bin ich dort!

Siebenbürgen, Heimatland,
dort wo ich mein Glück einst fand,
denk an dich tagein, tagaus,
wär so gern nochmal zu Haus'!

WIR WÄREN GERN NOCH DA (LIED)

Ja, Ja, Ja – wir wären gern noch da!
Es ist unser Heiligtum,
das Land wo uns're Ahnen ruh'n,
dort wo unsereins gebor'n-
Treue haben wir geschwor'n!

Ja, Ja, Ja – wir wären gern noch da!
Denken oft daran zurück,
denn da liegt unser ganzes Glück.
Wenn ich nachts die Augen schließ',
ich die Heimat nie verließ!

Ja, Ja, Ja – wir wären gern noch da!
Denn im Traume bin ich da,
wo ich froh und glücklich war,
wo sieben Burgen sind bekannt,
ja, das ist mein Heimatland.

Einmal noch die Heimat seh'n,
einmal nur am Brunnen steh'n,
einmal in die Kirche geh'n,
kurz die Zeit zurück mal dreh'n.

Ja, Ja, Ja – wir wären gern noch da!

ZUM GEBURTSTAG EIN LIED AUS DER HEIMAT (LIED)

Zum Geburtstag einen Gruß aus der Heimat!
Zum Geburtstag einen Gruß auch von mir!

Lass uns heut' für Dich singen,
wollen Freude Dir bringen
UND einen Gruß aus der Heimat!

Lass uns heute Dich ehren,
lass uns bitte gewähren,
denn wir bringen einen Gruß aus der
Heimat!

Zum Geburtstag einen Gruß aus der Heimat!
Zum Geburtstag einen Gruß auch von mir!

Lass uns heut' an Dich denken,
lass Dich reichlich beschenken,
mit einem Gruß aus der Heimat.

Lass uns heut' an Dich denken,
lass Dich reichlich beschenken,
mit einem Gruß aus der Heimat!

WEIL ICH EIN SIEBENBÜRGER BIN

Weil ich ein Siebenbürger bin,
das Herz zieht mich dorthin,
auch wenn ich alt und grau am Kinn,
danach steht mir der Sinn!

Denn die Karpaten rufen mich,
es klingelt tief im Ohr,
im Herz gibt es einen Stich,
der Heimat Treue schwor!

Egal was meine Hände tun,
sie woll'n es tun vor Ort,
auch wenn sie einmal länger ruh'n,
gegeben hab mein Wort!

Solange ich klar denken kann,
vergesse ich sie nie,
erst wenn ich einmal sterbe dann,
vergeht die Melodie!

Bis dann das Bild im Kopfe bleibt,
auch wenn sie noch so fern,
mich nachts sogar im Schlafe treibt,
ich habe sie so gern!

Ich träume oft auf sächsisch noch,
das klingt mir so vertraut,
ach wäre ich zu Hause doch,
bin leider hier ergraut!

Oft gucke ich die Bilder an,
nur wenig, meistens grau,
der Rand hat Zacken wie ein Kamm,
doch ich sie gerne schau!

Die Zeit nicht alle Wunden schließt,
ein Stich im Herzen brennt,
egal wohin der Fluss auch fließt,
mich niemand von ihr trennt!

Selbst wenn ich einmal hundert Jahr,
verbunden noch mit ihr,
das bleibt so bis, so glaube mir,
den Atem ich verlier!

Die letzte Träne die ich wein',
gilt dir, mein Heimatland,
weil ich im Inn'ren stets daheim,
wo meine Wiege stand!

AM REUßBACH MEINE LIEBE FAND

Am Reußbach meine Liebe fand,
sie plötzlich dort am Ufer stand!
Sie nahm mich dann an ihre Hand,
und zeigte mir ihr Heimatland!
Nach Hermannstadt zog sie mich hin,
sie küsst' mich auf der Brücke,
ich ganz hingerissen bin,
mein Herz zerfällt in Stücke!

Wir gehen zum Museum,
von Brukenthal errichtet –
danach auch vom Lyzeum,
sie Vieles mir berichtet.
Weiter geht's zum Großen Ring,
dort wird dann langflaniert,
ich heiter übers Wasser spring,
hier wurde frisch saniert!

Der Große Platz begeistert mich,
hier würd' ich gerne bleiben,
doch mein Madel lässt mich nich',
will mich zum Rathaus treiben!

Ich setze mich auf eine Bank,
das Haus in meinem Rücken,
ich müde auf die Lehne sank,
da tut es mich entzücken-

ich schaue auf ein grünes Haus,
ein Blaues steht daneben,
ich klatsche innerlich Applaus,
hier würd' ich gerne leben!

Wir gehen in die Altstadt dann,
von Mauern bin umgeben,
ich es gar nicht glauben kann,
mein Herz fängt an zu schweben!
Wir steigen auf den höchsten Turm,
die Berge kann ich sehen,
mein Haar zerzaust, so wie im Sturm,
wir bleiben lange stehen!

Die Aussicht mir den Atem raubt,
die Kuppen sind voll Schnee,
ich habe es niemals geglaubt,
ich ungern weiter geh!
Doch leider muss ich weiter zieh'n,
die Sonne geht grad unter,
sie hat schon viel zu lang geschien,
mein Weg führt wieder runter!

Ich schlaf' dort, wo der Kaiser schlief,
mein Mädchen nehm' ich mit,
sie ist so schön und attraktiv,
ich folg' ihr Schritt auf Tritt!

Mein Herz ich hier verloren hab',
nicht nur an dieses Mädchen,
ich schaue auf den Ring herab,
ich liebe dieses Städtchen!

Ein letzter Blick zur Brücke noch,
ich muss hier gar nicht lügen,
ich werde wiederkommen doch,
es war mir ein Vergnügen!

Die Reise nicht zu Ende war, ich werde
weiter schreiben,
ich war ja dann noch öfter da, wollt' fast für
immer bleiben!

MÄDCHEN, WEINE NICHT

Mädchen, weine nicht,
wisch die Tränen fort,
irgendwann dein Herz sonst bricht
ich gebe dir mein Wort.

Ich halt' dich fest, mein Leben lang,
bring' dir die Heimat nah',
mit Tanz, Gedicht und auch Gesang',
ich weiß noch wie es war!

„Rote Rosen" will ich singen,
einfach nur für dich,
will dir was war ja wieder bringen,
die Zeit so schnell verstrich.

Das Lied vom „Zeisken" stimm' ich an,
mein Mädchen, weine nicht,
vor Sehnsucht ich nicht singen kann,
hab' Tränen im Gesicht.

Sie trällert und summt, sie singt und pfeift,
"Det Frähjohr" uns dann beide ergreift.
Das Abschlusslied zu Tränen rührt,
das Lied der Freundschaft ganz zum Schluss,
ich hab ihr Herz ganz stark gespürt
und gab ihr einen Kuss

Ein jedes Lied nach Heimat klingt,
Musik bringt sie zurück,
denn in den Noten Heimweh' schwingt,
ich weine fast vor Glück.

Nun stehen wir gemeinsam hier und singen
uns're Lieder,
wie gut, dass wir beisammen sind,
wir seh'n sie wohl nie wieder!

HETSCHEPETSCHENMARMELADE

Hetschepetschenmarmelade

mir an meinem Finger klebt,

Hetschepetschenmarmelade

auf der Zunge schnell zergeht.

Hetschepetschenmarmelade

nasch ich und ich liebe sie,

Hetschepetschenmarmelade

sie vergessen werd' ich nie!

Hetschepetschenmarmelade

ach, welch' köstlicher Genuss.

Hetschepetschenmarmelade

man gegessen haben muss!

AUF DEN SPUREN MEINER AHNEN

Auf den Spuren meiner Ahnen
ging ich in die Welt hinaus,
ging dort, wo wir einst herkamen,
verließ somit mein Elternhaus.

Haus und Hof hab ich verlassen,
lachend, weinend zog ich fort,
Vieles hab ich da gelassen,
dort an meinem Heimatort.

Was ich mitnahm? Keine Frage,
was vergangen, nahm ich mit.
Es in meinem Herzen trage,
hier bei mir, auf Schritt und Tritt

Dachte stets, ich kehre wieder,
alles bleibt dort, wie es war,
doch was blieb, war'n nur die Lieder,
bringen mir die Heimat nah.

Wir schau'n die alten Bilder an,
mein Herz will fast zerspringen,
mein Herz es nicht verstehen kann,
warum wir damals gingen.

Ach, wär' ich doch ein Vögelein,
und könnt' so weit noch fliegen,
ich flög nach Haus, ich flöge Heim
und fänd' dort meinen Frieden!

IN GEDANKEN BLEIBT'S, WIE'S WAR (LIED)

Schon seit ganz, ganz vielen Jahren, ist die Heimat nicht mehr was sie war

Refrain: Doch wir lieben sie noch immer, in Gedanken bleibt's, wie's war- denn wir lieben sie noch immer und im Herzen sind wir da!

Und auch heute, wenn wir singen, singen wir das, was im Herzen blieb.

Refrain: Doch wir lieben sie noch immer, in Gedanken bleibt's, wie's war- denn wir lieben sie noch immer und im Herzen sind wir da!

Wenn wir feiern und uns treffen, schwelgen wir in ungeahntem Glück

Refrain: Doch wir lieben sie noch immer, in Gedanken bleibt's, wie's war- denn wir lieben sie noch immer und im Herzen sind wir da!

Lasst uns singen, tanzen, froh sein, lasset
nicht verblassen all die Zeit

Refrain: Doch wir lieben sie noch immer, in
Gedanken bleibt's, wie's war-
denn wir lieben sie noch immer und
im Herzen sind wir da!

ES WAR AN EINEM SONNTAG

Es war an einem Sonntag,
vom Turm die Glocke klang,
das Dorf schon auf den Füßen war
und in der Küche sprang.
Sechs Tage lang der Ofen heiß,
mit Suppe, Hunklich, Braten,
ein Jeder brachte eine Speis'-
nur so konnt' es geraten,
denn oftmals über hundert Leut',
waren hier als Gast,
zu feiern und zu helfen heut',
damit auch alles passt!

Im Hofe dann der Hochzeitszug,
mit Wortmann, Bräutigam und Braut,
ein Jeder seine Tracht dort trug,
denn heute wird getraut!
Dahinter die Kapelle schreitet,
mit Musik und mit Tamtam,
den Zug in Richtung Kirche leitet,
man weit sie hören kann!

Sie traten ein ins Gotteshaus,
am Auge eine Träne,
„Jesu geh' voran", ich gerne hier erwähne!

Zur linken Hand, da steht die Braut,
sie schaut zu ihm hinüber,
der Pfarrer sie in Würde traut,
ein Spruch, schon ist's vorüber.

Dann tauschte man die Ringe aus,
„So nimm dann meine Hände",
und brachte sie zum Hochzeitshaus-
sobald der Chor zu Ende!

Der Gabentisch stand schon bereit,
Geschirr, Geschenke, Geld,
man wünschte dann ´ne Ewigkeit,
damit es lange hält!
„Zwei Worte" sprach der Wortmann dann,
zum Paar und zu den Gästen,
dann fing man mit der Suppe an,
auch Braten galt's zu „testen".

Gefülltes Kraut zur Mitternacht,
bis dahin wird gefeiert,
es wird getanzt, erzählt, gelacht,
die Braut sogar „entschleiert".

Danach begann der Kotschentanz,
für Windeln galt's zu sparen,

die Schürze wurde schwer so ganz,
sie sollten's aufbewahren!
Gefeiert bis zur Morgenstund',
man aß noch Brodenlawend,
man hatte immer voll den Mund,
vom Mittag bis zum Abend!

Der nächste „Topf" sein Deckel fand,
vielleicht war's unterm Baume?
so findet auch der Sack sein Band,
vielleicht doch nur im Traume!

Bald ist dann wieder „Damenwahl",
vielleicht es diesmal klappt,
im Mai der Bursche hat die Qual,
zu Pfingsten sie dann „schnappt".
Verliebt, verlobt, verheiratet, so war die
Tradition-
Im Dorf das Fest, so riesengroß,
`ne kleine Sensation!

Noch heute schwärmen wir vom Fest,
von Kleingebäck und Torte,
die Musik uns niemals verlässt,
egal an welchem Orte!

Wir denken gern daran zurück,
im Schrank hängt noch die Tracht,
aufbewahrt wurd' sie zum Glück,
die Tradition bewacht!

Und ab und zu schaut man sie an,
das Herz macht einen Sprung-
man die Zeit dann fühlen kann
und kriegt gleich neuen Schwung!

Dort hängt ein kleiner Schatz im Schrank,
das Bändchen noch sogar,
erinnert uns noch „Gott sei dank",
wie es bei uns mal war!
Noch einmal mit der Musik geh'n,
was würd' ich dafür geben,
beim Kotschentanz die Braut rumdreh'n,
was wär das für ein Segen!

EIN KLEINES KÄTZCHEN

Ein klienzich Kätzcken in der Hand,
so er damals vor mir stand.
„Äch hun dech läf", so sagte er,
und machte mir das Denken schwer.
„Äch dech uch", sprach ich sodann,
meng Harz, das fing zu klopfen an.
Er hatte stets an mich gedacht
und mir das Kätzcken mitgebracht –
Es saß auf einem klienzich Bum,
und wollte grade gar nichts tun.
Er fing es ein und bracht' es mir,
jetzt bleibt es wohl für immer hier!
Es ist nur eins! Und noch so klein,
das passt ja in mein Haus hinein.
So nahm ich ihn an meine Hand,
weil er die Liebe mir gestand.
Das klienzich Kätzcken war nicht klein,
es war auch nicht so ganz allein,
nach ein paar Wochen war'n es zehn,
wir konnten es gar nicht versteh'n.
„Äch hun dech läf", so sagte er
und machte mir das Denken schwer,
„Äch dech uch", sprach ich so dann,
meng Harz, das fing zu klopfen an.
So nahm ich ihn an meine Hand,
wir behielten allesamt.

DER TSCHUKKER

Hurra, mein Tschucker darf jetzt raus,
endlich kann er aus dem Haus!
An die Ohren, auf den Kopf,
oben sitzt er, auf dem Schopf.
Den ganzen Sommer hab ich gewartet,
dass endlich die kalte Jahreszeit startet!
Mein Tschucker, mein Tschucker,
du zierst mein Haupt,
fast wärst du in meinem Schrank verstaubt-
doch heute kam dann Frost und Schnee,
ohne den Tschucker ich nirgends mehr geh!
Er begleitet mich nun Tag und Nacht,
mein Tschucker täglich mich glücklich
macht.

FLIEGER, BRING MICH NACH HAUSE

Flieger, bring mich nach Hause-
zu lang war die Pause,
ich hab es vermisst,
Flieger, fliege doch schneller,
schwing' den Propeller
die Heimat es ist!

Tarom, bringt mich ins weite Land,
mein Fernweh nimmt jetzt überhand!
Nur zwei Stündchen fliege ich,
durch die Freude schnell verstrich-
Jetzt sehe ich schon die Karpaten,
nun muss ich nicht mehr lange warten!

Von hier oben wie gemalt,
der Weg schon jetzt sich ausgezahlt!
Verzaubert schau ich auf die Stadt,
mich in den Bann gezogen hat!
Endlich! Zu Hause! Hier! Gehöre ich hin!
Weil ich hier mal geboren bin!

Ich atme einmal ganz tief ein,
stets wird es meine Heimat sein!
Die Tür geht auf, mein Herz wird weit,
voll Freude kurz ich stehenbleib'!

Endlich dann der erste Schritt,
glücklich, wenn man den Boden betritt!

Vertraut! Gewohnt! Und wohlbekannt!
Geburtsland! Und mein Vaterland!
Endlich bin ich wieder da!
Nach wie vor fühl ich mich nah!

Die Luft riecht so, wie Heimat riecht!
Gänsehaut im Nacken kriecht!
Die Freude raubt mir fast den Atem,
nun muss ich nicht mehr lange warten!

Die Straße lang, das Tor knarrt leicht,
nun habe ich mein Ziel erreicht!
Alles so wie es mal war,
selbst der Ofen steht noch da!
Die gleichen Kacheln, die gleiche Decke,
gemütlich ich die Füße strecke!

Hier bin ich zu Hause! Hier bin ich daheim!
Hier will ich für immer und ewig sein!

AUS SIEBENBÜRGEN KAM EIN BRIEF

Aus Siebenbürgen kam ein Brief,
ich schnell zu meiner Mutter lief,
sie drückte ihn an ihre Brust,
als hätt' vom Inhalt sie gewusst.
Ihr Auge füllte sich zum Rand,
ein leichtes Zittern in der Hand.
Dann endlich las sie, was geschrieben,
ein Brief von denen, die wir lieben.

Einen Gruß aus der Heimat,
den schrieben sie nieder,
ach, sähen wir sie doch endlich mal wieder!
Da klopfte und hämmerte es laut,
es fuhr mir ein Schauer über die Haut
Meine Mutter, den Brief in der Hand,
schnellen Schrittes zur Türe verschwand.

Und wer trat ein? Man glaubt es kaum,
es war mir wie in einem Traum,
es traten ein, die wir so lieben,
sie waren nicht zu Haus' geblieben!
Welch' Freude, sie bleiben,
sie müssen jetzt keine Briefe mehr
schreiben!
Der Brief liegt in der Küche noch,
ein Zeichen unserer Freude doch!

ERINN'RE DICH, VERGISS MICH NICH'

Erinn're Dich, vergiss mich nich' -
ruft mir die Heimat zu!
die Zeit verstrich,
Erinn'rung wich-
ich komme nicht zur Ruh'.
Verblassen will die schöne Zeit,
wenn ich so weit von ihr,
doch in mir drin, da ruft sie mich,
ich hab sie stets bei mir!
Und wenn ich dann die Blume seh,
so blau blüht sie im Korn,
sie in Gedanken vor mir seh',
die Treue ihr geschwor'n.
Ich vergess' Dich nich',
ich erinn're mich-
ruf ich der Heimat zu!
egal wie schnell die Zeit verstrich,
egal was ich auch tu!
Auch wenn ich alt und grau mal bin,
vergesse ich sie nicht,
es zieht mich bis zum Schluss dorthin,
es mir das Herz oft bricht!
Verblasse nicht, du schöne Zeit-
erfüll mein Herz mit Glück,
schenk mir ein bisschen Seligkeit,
wenn ich denk' an dich zurück!

NIEMAND WEIß, WIE ICH MICH FÜHLTE

Niemand weiß, wie ich mich fühlte,
mit dem Koffer in der Hand,
wie es in mir bebte, wühlte,
als ich verließ mein Heimatland.

Mein Herz schlug wild,
mein Herz schlug stark
es machte einen extra Schlag.
Vor Freude? Vor Trauer?
Ich weiß es nicht mehr!
Es ist ja schon so lange her!

Doch eines weiß ich ganz genau,
heut' bin ich alt, heut' bin ich grau,
doch die Heimat ruft noch immer,
es wird nicht besser, es wird schlimmer.

Den Koffer hab' ich immer noch,
weil er so schön nach Heimat roch!
Und eines Tages fahr ich fort,
mit diesem Koffer in der Hand,
ich gebe dir darauf mein Wort,
du, mein geliebtes Heimatland!

Und dann? Dann bleibe ich bei dir,
damit ich dich nie mehr verlier!

FREUNDSCHAFT

Wie ein Keimling im Sonnenschein,
fängt sie langsam an zu gedeih'n
Sie reift mit den Jahren,
schau nur zurück,
wie vertraut wir stets waren,
ein seltenes Glück.

Man kann sich verlassen
und das sogar blind,
man gehört halt zusammen,
wie Zucker und Zimt.
Man teilt die letzte Flasche Wein,
den and'ren lässt man nicht allein.

Nicht wenn er weint, nicht wenn er lacht,
egal, auch wenn es Mitternacht!
Man hört sich zu, ist für „sich" da
man teilt sein letztes Hemd sogar.
Man teilt das Jetzt, was kommt, was war,
auch wenn man fern, man fühlt sich nah!

Man verschweigt was man gehört,
man sagt, was einem am Anderen stört!
Es gibt kein ICH, es zählt das WIR!
Alles erzähle ich dir von mir.

Offen und ehrlich wir immer sind,
bei dir darf ich sein, wie ein kleines Kind.
„Du nimmst mich so, so wie ich bin,
auch wenn nur Blödsinn ich im Sinn.

Ich kann Pferde mit Dir stehlen
und jederzeit auch auf Dich zählen!
Schön, wenn man einen solchen hat,
zwischen uns passt oft kein Blatt!

*Und wenn die Stunde hat geschlagen,
selbst der Tod wird es nicht wagen,
dieses Band dann zu zerschneiden,
uns're Freundschaft wird nicht scheiden!
Nehm' sie mit bis in mein Grab,
uns're Freundschaft ist zu stark!
Niemals wird sie wirklich enden,
würd' mein Leben für Dich pfänden!

* aus dem Lied „wenn die Stunde hat
geschlagen" von Yasmin Mai-Schoger

ZUM SCHLUSS

Zum Schluss noch schnell ein kurzes Wort:
ich wär' so gern noch einmal dort.

Doch eines hatte ich nicht bedacht,
der Weg mir keine Freude macht.

Der Weg ist weit, so fern der Ort,
und trotzdem zieht es mich stets fort.

Nur in Gedanken kann ich reisen,
dafür diese ständig kreisen,
kreisen um den fernen Ort,
ich wär' so gern noch einmal dort!

REZEPT PALUKES

Palukes
Polenta / Mamaliga / Maisbrei

1 Liter Salzwasser
250 g Maisgrieß (Polenta)

Das Salzwasser in einem großen Topf zum Kochen bringen und den Maisgrieß einrieseln lassen – dabei kräftig mit einem Holzlöffel rühren und auf kleiner Flamme unter ständigem Rühren köcheln lassen bis ein dicker Brei entsteht. Den Maisbrei in eine mit Wasser ausgespülte Form drücken und stürzen.

Die Palukes ist eine gute Beilage zu Gerichten mit viel Sauce wie Ragout oder Gulasch, kann aber auch als Auflauf zubereitet werden. Dazu einfach den Brei in eine gefettete Auflaufform geben, mit Hirtenkäse bestreuen und mit Käse überbacken.